Josef Mettlich

Bemerkungen zu dem anglo-normannischen Lied vom wackern Ritter Horn

Josef Mettlich

Bemerkungen zu dem anglo-normannischen Lied vom wackern Ritter Horn

ISBN/EAN: 9783743466845

Hergestellt in Europa, USA, Kanada, Australien, Japan

Cover: Foto ©Thomas Meinert / pixelio.de

Weitere Bücher finden Sie auf **www.hansebooks.com**

Meinen teueren Eltern.

Das anglo-normannische Lied vom wackern Ritter Horn ist uns in drei Handschriften überliefert, von welchen jedoch keine den Text vollständig bietet. Die Oxforder Handschrift zählt 3045 Verse (v. 1—96 und 4596—5250 durch sie allein überliefert), während der Cambridger Text mit 4496 Versen allgemein als der beste und reinste anerkannt wird; die Handschrift befindet sich im British Museum Harl. 527. — Im Jahre 1845 hat Francis Michel eine Ausgabe des Liedes für den Bannatyne Club veranstaltet. Da diese Ausgabe vergriffen ist, haben Stengel und Brede einen neuen genauen Abdruck der drei Handschriften besorgt in „Ausgaben und Abhandlungen VIII", Marburg 1883. In der Vorrede zu dieser Ausgabe hat Stengel auch die Veröffentlichung eines kritischen Textes in Aussicht gestellt, indem er zugleich hinwies auf die „eigentümlichen Schwierigkeiten, die einer kritischen Bearbeitung gerade dieses Textes entgegenstehen". Bis jetzt ist jedoch noch nirgends ein Versuch kritischer Rekonstruktion des Textes an die Öffentlichkeit getreten. Es kann dies um so weniger wundernehmen, als, abgesehen von der verdienstvollen Arbeit Brede's „Über die Handschriften der Chanson de Horn", Ausgaben und Abhandlungen IV, diejenigen Vorarbeiten, auf welche sich eine kritische Ausgabe notwendigerweise stützen muss, vollständig fehlen. Es ist der Hauptzweck der folgenden Bemerkungen,[1] zu diesen Arbeiten von neuem anzuregen, ja die-

---

[1] Dieselben wurden bereits gedruckt als Beilage zu dem Jahresbericht 1889/90 des Kgl. Paulin. Gymnas. zu Münster i. W. und erscheinen hier in einer zweiten, mehrfach verbesserten und erweiterten Ausgabe.

selben herauszufordern. [1]) Alter und Entstchungsort unseres
Gedichtes sind noch unbestimmt. Das gegenseitige Verhältnis
und das Alter der Handschriften hat Brede bereits genau
untersucht. Das Ergebnis seiner Untersuchungen hat er durch
folgenden Stammbaum dargestellt:

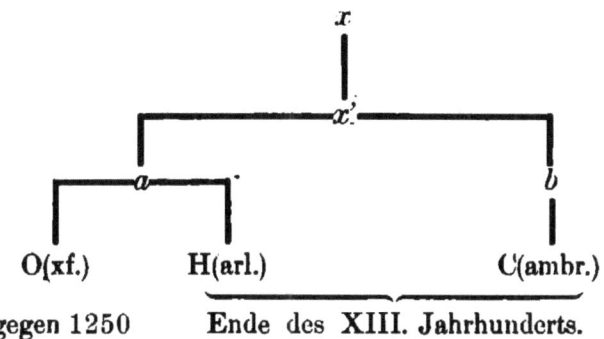

gegen 1250   Ende des XIII. Jahrhunderts.

Es fragt sich nun, in welchem Zeitabschnitte, an welchem
Orte soll man das unbekannte x suchen, — in der Sprache
welcher Zeit, welches Landstrichs soll dasselbe rekonstruiert
werden. Diese Frage ist berührt und ihre teilweise Lösung
versucht worden von Wissmann „King Horn, Untersuchungen
zur mittelenglischen Sprach- und Litteraturgeschichte" (Quellen
und Forschungen XVI), Strassburg 1876. Die auf das französische Gedicht bezüglichen Ausführungen Wissmanns lassen
jedoch so mannigfaltige Einwendungen zu, dass es angezeigt
erscheint, dieselben einer nochmaligen Besprechung zu unter-
ziehen. Stimming hat dies ja bereits eingehend gethan in den
Englischen Studien, Bd. I, 351 ff.; er ist dabei in Bezug auf
das von Wissmann behauptete Verhältnis zwischen dem altfranzösischen Roman und der mittelenglischen Dichtung zu ganz

---

[1]) Ich selbst hoffe demnächst für die Alters- und Quellenbestim-
mung des anglo-normannischen Horn einen ähnlichen Beitrag liefern zu
können, wie ich dies für das sog. altfranzös. Hohelied (Romanische
Forschungen VI, 2) gethan habe.

andern Ergebnissen gekommen als dieser letztere.[1] Stimming bestreitet mit guten Gründen die Möglichkeit direkter Beziehungen zwischen den beiden Dichtungen. Aber diesen Gründen lässt sich, wie gesagt, noch so mancherlei hinzufügen, dass es nicht überflüssig erscheint, noch einmal auf die Wissmannsche Schrift zurückzukommen. Bevor dies jedoch geschieht, sei es erlaubt, durch zwei skizzenhafte Entwürfe die Aufmerksamkeit auf die Fülle des Stoffes hinzulenken, den die französische Horndichtung zur Bearbeitung das bietet. Diese Entwürfe gingen hervor aus Vorarbeiten, die für eine umfassendere Bearbeitung des anglo-normannischen Gedichtes gemacht waren. Die eine sollte den Versuch eines emendierten Textes von O. darstellen; die andere ist dem Gebiete der Wortbildungslehre entnommen und behandelt die Bildung einiger Substantive in dem altfranzösischen Roman vom Ritter Horn.

Die O.-Handschrift ist, wie bereits erwähnt, die einzige, welche die ersten 96 Verse — die Einleitung des anglonormannischen Liedes — bewahrt und überliefert hat. Diese einleitenden Verse sind vielfach der Ergänzung und Verbesserung bedürftig. Wenn nun im folgenden der Versuch einer Emendation unternommen wird, so ist es klar, dass, um mit Stengel (l. c. IV) zu reden, „die getroffenen Entscheidungen in einer grossen Anzahl von Fällen höchstens Wahrscheinlichkeit für sich beanspruchen können, oft genug aber von anderer Seite bestritten und durch andere werden ersetzt werden". Der Übersichtlichkeit halber erscheint es angezeigt, die ganze Stelle

---

[1] Auch Söderhjelm „Sur l'identité du Thomas auteur de Tristan et du Thomas auteur de Horn" Romania, XV S. 593 Anm. 2, ist der Ansicht, dass die Frage nach der Quelle des französischen Horn von Wissmann durchaus nicht befriedigend gelöst sei.

hierher zu setzen. Der Text wird mit den aufgenommenen Trennungen, Besserungen und Ergänzungen gegeben; unter dem Texte folgt die abweichende Überlieferung der Handschrift, sowie die Begründung der vorgenommenen Änderungen. Dieser letzteren sind übrigens grundsätzlich nur wenige; das Material zu den Ergänzungen ist, wo angängig, aus späteren Stellen der Handschrift selbst entnommen. Die Schreibweise der Worte folgt so viel eben möglich derjenigen der Handschrift.

I.

Seignurs, oi avez les vers del parchemin,
Cum li bers Aaluf est venuz a sa fin.
Mestre Thomas ne volt k'il seit mis a declin,
K'il ne die de Horn, le vaillant orphanin,
Cume puis l'unt traitie li felun Sarasin. (5)
Un en i ot guaignart del lignage Chain,
En language alfrican l'apelent Malbroïn.
Cist trova primes Horn repuns enz un gardin,
Od lui quinze valez, ki erent de sun lin;
N'i en ot un ne fust fiz de bon palain. (10)
Cume seignur serveient tuit cil Horn le meschin.
Chascun aveit vestu bliaut ynde u purprin,

V. 1. le vers. — v. 3. mettre a declin s. v. 1523 (O.) 1676 ver-
nichten, zerstören. — v. 5. Cum puis lunt treit; es fehlen zwei Silben.
Um dieselben zu ersetzen, liesse sich vielleich auch schreiben Cum del
païs l'unt treit = wie sie ihn aus dem Lande geschleppt haben. — v. 6.
V nen iot guaigna; die Form guaignart findet sich O. 1699 im Reim.
(C. hat gaillart, H. guainart.) Godefroy übersetzt dies Wort durch cruel,
violent. — v. 7. neben alfrican, das 71 wiederkehrt, kommen vor 297
asfricanz (C. affricanz), 2399 (C. affricaunt, H. affricant). Africa = Affrike
(C. Aufrike) 1298, 1311, 1328. — v. 8. Ci trova. — v. 9. Od lui XV
valez; es ist die Zahl nur einmal anders angegeben: 1131 XII; sonst
stets XV (s. 20, 1428, 1436). — v. 10. Ni ot ne fust ... — v. 11. ser-
veiut. Im zweiten Halbvers fehlt eine Silbe: tuit Horn le meschin.

E Horn ert conreet d'un paile alexandrin,
Oilz aveit vers et clers et le vis ot rosin,
Gente facun aveit, bien semblot angelin.　　　(15)
Cum esteile jornals, quant lievet al matin,
Sur les altres reluist, ki li sunt pres veisin:
Sur tuz ses cumpaignuns resplent Horn li meschin.

II.

Malbroïn al requei ad les enfanz trovez
Ki erent pur l'esfrei la tuit quinze muscez.　　　(20)
Il les ad pris trestuz, ad les quinze liez.
Mes a Horn ne fist mal, kar ne fud destinez:
Si li ot Deus dune par ses dignes buntez
Un eiir, k'il ne fust par nul home esgardez
Ki sempres n'en eust e merciz e pitez.　　　(25)
Si ot cist, quant l'ot pris. Pur co fud bel menez
Il e si cumpaignuns dreit a la tente as prez,
U ert li reis Rodmund; li furent presentez
E il en ad rendu e merciz e granz grez.

V. 13. E hor conrect ... der Name Horn ist sonst meist richtig
geschrieben: er zeigt niemals ein Nominativ-s. — v. 16. quan vgl. 205.
— v. 18. cumpaignus; der Schluss des Verses fehlt: resplent horn ....
　V. 20. muscez, ebenso geschrieben 4608, 4613, 5202. — v. 24. Ki
ne fust pur nul home ... — v. 25. Man sollte erwarten, mercit e pitet.
v. 27. cumpaignus | dreit al tens aspiez. Dem zweiten Halbvers fehlt
eine Silbe; derselbe bedarf aber nicht nur der Ergänzung, sondern auch
der Änderung. Die Überlieferung ist sinnlos. Die oben vorgeschlagene
Änderung stützt sich auf v. 1335 und v. 1610, wo ebenfalls von den
trefs, tentes und aukubes die Rede ist, welche der von der See gekom-
mene Feind auf den Wiesen aufgeschlagen hat. Vgl. auch 4602. —
v. 28. la furent presentez. Die Knaben wurden dem Könige geschenkt,
als Eigentum übergeben. Vgl. v. 188 und 235. Das Adverb la lässt
sich deshalb sinnentsprechend sehr gut durch li (ihm) ersetzen, ebenso
wie v. 29. li (welches sich auf cist, v. 26, beziehen müsste) durch en
(dafür). — grant gre (sonst ist in O. der Reim mit Gewalt durchgeführt).

Pus ke li reis les ot, sis ad areisonez, (30)
Ki'l sunt e de quel lin, — ne li seit mot celez.
E Horn li ad tut dit, ki ert li mielz senez,
Plus hardi de parler e li mielz doctrinez.
Quant li reis l'ot oï, mult les ad aveisez
A la facun k'il vunt e as vis culurez. (35)
Mes Horn les passa tuz de vertuz e beautez,
Si cum le voleit Deus, ki maint en trinitez
Ki mist a quoer le rei, k'il les ad manaiez; —
Kar rien ne puet perir, k'il volt ke seit gardez.

III.

Or tant en ot pitez reis Rodmund des enfanz, (40)
K'il ne volt devant lui, k'il seient perillant.
Lors demandat cunseil as entur lui estanz:
„Seignurs, cunseilliez mei, qu'en pusse estre fesanz?
Nes pus fere perir, ke ios seie esgardanz,
Si sai bien si cil vivent, ke jo m'en erc plaignanz, (45)
Kar j'ai ocis trestuz lurs meillurs partenanz,
E cil les vengeront, s'il remaignent vivant:
Pur co ne voil jo pas, k'il seient eschapant.
Dites mei, cum murrunt ke nel scie veanz!
Nel verrai de pited ke tel ai des enfanz." (50)
Aitant ad parle si fierement Broivanz,

V. 30. pus ki. — v. 31. ki il sunt. — ne li scit mot selez, vgl. 167.
— v. 32. hon — tuit — ki ert meiz senez, vgl. 227. — v. 34. mul't. —
v. 36. le passa tuz de tuces beautez. — v. 37. k maint. — 38. queor —
manaez, vgl. 329. — v. 39 kil vol.
V. 40. Car tant. — v. 41. perillez. — v. 42. demandez. — v. 44.
Non puss. — v. 45. silvivent — menere, vgl. 1815. — v. 46. lur meillur.
— v. 47. remaignenti. — v. 49, murunt. — v. 50. verai de pited tel ai
desenfanz; vielleicht liesse sich auch setzen tel grant ai. — v. 51 ferce-
ment, sonst findet sich durchweg fierement, vgl. 1643 u. a.

Un alchaie sur mer, riches hom e mananz
E de cunseil pur veir artus e engignanz;
Mes itel k'il donat, fud as noz mult vaillanz,
Cum vus purrez oïr, si 'n estes escultant,   (55)
Kar si le voleit deus, ki pur els ert veillanz,
Ki ne laist pas perir, ki lui sunt reclamant.
„Sire", fet il, „pernez un de voz vielz chalanz,
Metez i cels valez, ki vei ici⌐estanz,
K'il n'aient avirun dunt se seient aidant,   (60)
Sigle ne guvernail, dunt il seient naiant.
Enz un altre metez vint bonismes serianz,
— Ke bien sacent nagier cume bon marinant, —
Ki treient a la mer ambesdous les nefs granz,
Les cordes trenchent pus, dunt les erent trainant   (65)
E laissent les iluc al palagre walcranz.
N'en orrez plus parler, bien le sui parfianz;
Ja nes garrat lur deus, en ki il sunt creant,
Plus k'un tundu mutun ki est tuz asotanz."
Dient tuit envirun: „Broivanz est bien parlanz."   (70)

V. 52. alchaie aus arab. al-quâid, s. Körting, Lat.-roman. Wörterb.
(Ferd. Schöningh, Paderborn, 1890.) s. v. u. Diez Wb. 417. — v. 53. engin-
nanz. — v. 56. si le volt deus, vgl. oben 37. — v. 57. cels ki lui sunt recl.;
man könnte auch, um die richtige Silbenzahl zu bekommen, das pas des
ersten Halbverses fallen lassen: Ki ne laist perir cels ki lui s. r. — lui
ist hier Accusat. — v. 58. purnez un. — v. 59. Metez icels vales ki io
vei ici estanz. — v. 60. dunt a seient aidanz; offenbar wollte der Schreiber setzen dunt aidanz, merkte aber sein Versehen, nachdem er das a
bereits geschrieben hatte. In dem Bestreben, sich eiligst zu verbessern,
übersah er dann das Reflexiv se (od. sei?), s. 302. — v. 61. guvernad.
— v. 62. bonisme. — v. 64. adous neves granz. — v. 65. dunt lescerent.
— v. 67. bien me sui fic purfichanz; Godefroy Dict. hat purfichant (part.
pres. et adj., qui a telle confiance, telle certitude) nur mit dieser Stelle
aus Horn belegt. — Parfier ist zwar nicht zu belegen, lässt sich aber
wohl aus der gewöhnlichen Beteuerung par fei erklären. — v. 69. d'en
tundu m. vgl. 1401 — „(ihr Gott, an den sie glauben, wird sie nicht
mehr retten, als einen geschorenen Hammel,) der ganz dumm ist (die
Drehkrankheit hat)" (asotanz v. asoter, u. dies v. sot). Besser noch wird
man schreiben uns tondos moutons. v. 70. eviron.

IV.

Quant co ot dit Broivant, reis Rodmund l'alfrican
Fist aprester mult tost un vielz antif chalan,
Pus i mist les enfanz, de murir tut certan;
N'i ot tres n'avirun, guvernail n'estruman —
Or les garisse cil, ki salvat Moïsan,   (75)
Quant fud jecte petit al flum del desruban,
E ki format Evain de la coste d'Adan,
E fist lasne parler pur le prou Balaan!
Il en pensera bien e li ber sain Johan;
Kar uncore par cels murrunt maint Barbaran,   (80)
Pincinard e Leutiz, Turcople e Almican, —
Uncore ert par cest Horn conquis regne persan
E par le fiz cestui, ki ore est en anhan,
Ki paens destrurat deci k'al flum Jordan,
Nes i purrat tenser Mahum ne Tervagan. —   (85)
Enz un chalant sunt mis vint bonisme grifan,
A ki deus doinst mult mal e entrer en malan!
Al nagier sunt asis; tuit treient seguran
Vers palagre de mer, des enfanz funt engan.
Or les garisse cil ki meint el suveran.   (90)

V. 72. multost. — v. 74. ne struman, vgl. 110. — v. 75. guarissz.
— v. 76. desruban, s. (H.) 3323. Für den Nil mit seinen Katarakten, von
denen der Dichter freilich nichts wissen konnte, ist die Bezeichnung sehr
zutreffend. — v. 77. dan adan; offenbar hat hier der Eigenname das Versehen dan für d' hervorgerufen. — v. 78. pur le prophete Balaan. Dieser
Halbvers hat zwei Silben zu viel, welche durch die obige Schreibung am
einfachsten beseitigt werden. Pur le prou de ist eine häufig gebrauchte
Wendung, vgl. Godefroy. Das Tier hat ja uach Mos. 4, 21 auch zum Heil
und Frommen Bilcam's gesprochen. — v. 79. S. Johann wird noch erwähnt
1423, 3334. — il empensera. v. 80. murrat mame baRbara. Die Form
barbaran findet sich 288, 1413, 3318. — v. 81. Die hier aufgezählten Volks-
stämme werden in den Chansons de geste stets als die Feinde der Christen
(als barbaran und sarasin) genannt. Almican findet sich wieder (O.) 4853,
S'il i truve Persan, Almican u Escler. — 1417 hat O. almichan, C. dagegen
ne paien n'aleman; die alcmauns sind aber C. 264 bereits als gute Christen
aufgeführt. — v. 82. er. — v. 84. vgl. 1410 dici k'al flum Jordan. — v. 86.
grifan, s. 3335. — v. 87. doinst mal, vgl. 3320. — v. 88. seguran, s. 1412.
— v. 89. Ves. — v. 90. Ore les guarissz cil ki meint en suuetan. Obige
Änderung stützt sich auf Bartsch, Chrestom. 81, 15.

V.

Al palagre de mer sunt cil venu naiant.
Ne lur pert nule part de terre tant ne quant.
La corde i unt trenchee, dunt tret unt le chalant,
As venz erent pose tuit li nobile enfant,
E il sunt senz cunseil, as undes vunt walcrant.   (95)
Deus lur est cunseilliers, li salveres puissant,

. . . .

Diese wenigen Tiraden des 5250 Verse umfassenden
Gedichtes mögen genügen, um zu zeigen, wie berechtigt eine
eingehendere Prüfung des Wortschatzes der Horndichtung ist.
Möge die folgende Zusammenstellung und Untersuchung eines
Teils der Substantive des Romans eine neue Anregung zur
baldigen Inangriffnahme dieser Arbeit bieten.[1]
Das Französische hat, wie alle Sprachen, stets das Be-
dürfnis gehabt, seinen Wortbestand umzugestalten, zu ergänzen
und zu bereichern. Neue Ideen, Erfindungen und Ent-
deckungen regten diese Lebensbethätigung immer wieder an.
Besonders waren die Dichter in Poesie und Prosa auf dem
Gebiete der Wortbildung schöpferisch thätig, der Gedanke
bildete sich eben selbst seine sprachliche Form, wenn er sie
nicht passend vorfand. Im Mittelalter war jedoch bei der
Bildung neuer Worte oder vielmehr neuer Wortformen noch
eine andere, rein äusserliche Ursache wirksam. Es war dies
der Einfluss der einreimigen Form, der anfangs nur asso-
nierenden, später jedoch möglichst voll reimenden, oft schier

---

V. 91. sil. — v. 93. La corde unt trenche. — v. 94. noble enfant,
s. 127. — v. 95. wnt. — v. 96. ki salueres est.
[1] Vgl. Diez, Grammatik II. — Darmsteter „De la création
actuelle de mots nouveaux dans la langue française“. — Gottfr. Hart-
mann „Über die Modifikativformen in Manzoni's »Promessi Sposi«“
(Dissert.), Wiesbaden 1882.

endlos langen Tiraden der altfranzösischen Gedichte. Diese
Reimform führte ganz von selbst zu neuen Wortbildungen, um
so mehr, als meist nicht der Wortstamm, sondern die Endung
Trägerin des Reims war. Es findet sich, wie in allen Chansons
de geste, so auch im Horn ein Wort oft mit den verschiedensten
Endungen. Das oben vorkommende Wort barbaran (80) z. B.
tritt auf in einer in-Tirade als barbarin (736). Die Formen
amiral, amirant, amirez stehen vollständig gleichwertig neben-
einander; ebenso pre, pree, prael, praele, — esturmal, esturman,
esturmant. Im allgemeinen kann man bei den altfranzösischen
Chansondichtern vier verschiedene Methoden erkennen, nach
denen sie die in den Reim oder der Silbenzahl nach in den
Vers nicht passenden Wörter für diesen umformten. 1. Es
wird nur der Auslaut, bezw. des Genus verändert, z. B. brael
— braer, vgl. v. 3402, 4846, 2079, 3300. — 2. Das Stamm-
wort wird durch ein Suffix erweitert, lieue luee 2199; —
noise — noisee 1605. — 3. Einem Worte, welches bereits
selbst abgeleitet ist, wird noch ein Suffix angefügt (z. B.
vassel — vasselet). — 4. Das Suffix eines Wortes wird durch
ein anderes ersetzt, tusel — tusard, vgl. 1806, 1702. — Diese
verschiedenen Mittel der Wortumbildung konnten um so häufigere
und weitere Anwendung finden, als mit der Zeit das Gefühl
für den Wert und die Bedeutung der Suffixe erstarb. Es lässt
sich kaum annehmen, dass diese Bildungen auch in die Umgangssprache der damaligen Zeit Eingang gefunden haben. Den
Dichtern der Chansons de geste aber waren sie durchaus ge-
läufig. Aus den oben angeführten Beispielen lässt sich auch
ersehen, dass der einzelne Dichter gar nicht zu sehr davor
zurückzuschrecken brauchte, selbständig solche Bildungen zu
versuchen. Dem Dichter Thomas (dem Verfasser des anglo-
normannischen Romans vom Ritter Horn) lassen sich mehrfach
solche selbständige Schöpfungen mit ziemlicher Sicherheit nach-
weisen. Im folgenden soll nun der Versuch gemacht werden,
einige derselben, welche mit Hilfe von Suffixen gebildet sind,
festzustellen. Es soll dabei gleichzeitig untersucht werden, wie

die Neubildung sich zu den übrigen im Horn vorkommenden Worten derselben Bildung verhält, — ob sie eine Modifikativform eines Primitivbegriffs darstellt, oder ob sie mit dem Primitiv gleichbedeutend ist, d. h. ob dem gebrauchten Suffixe damals noch eine dem Dichter bewusste quantitativ oder qualitativ modifizierende Kraft innewohnte. Es wurden zu diesem Zwecke die mittelst der hier in Betracht kommenden Suffixe gebildeten Wörter gezählt, dann diejenigen ausgeschieden, die (nach Sachs-Villatte und Littré) sich in der modernen Sprache erhalten haben, und schliesslich die übrigen abgeteilt in solche, die sich (nach Godefroy und den bekanntesten altfranzösischen Glossaren) mehrfach im Altfranzösischen finden und solche, die dem Horn allein angehören. Es ist klar, dass hiernach diese letzteren nicht mit positiver Sicherheit als Schöpfungen des Verfassers des Horn hingestellt werden können. Die Annahme aber, dass wir es mit solchen zu thun haben, liegt um so näher, je klarer sich herausstellt, dass die betreffenden Wörter nur äussern, formalen Rücksichten ihre Entstehung verdanken. — Die aufgeführten Wörter sind nach Suffixen geordnet.

Die Schreibung derselben folgt im allgemeinen derjenigen der Handschrift C., wenn nicht das betr. Wort einer der andern Handschriften allein angehört.

1. -age (aticum, agium).

Unser Gedicht zählt 41 Substantive, welche mittels dieses Suffixes gebildet sind. 25 dieser Wörter finden sich bei Sachs-Villatte. 16 gehören somit allein dem Altfranzösischen an. Von diesen sind nunzage 318, presentage 431a, quitage 315 von Godefroy nur durch die betreffenden Stellen aus Horn belegt; guvernage 3259 H. (C. hat guionage) und retaillage 1358, — scheinen Horn ebenfalls eigentümlich zu sein; wenigstens fanden sich diese Formen in keinem der herangezogenen Glossare. —

Das von H. allein überlieferte **guvernage** ist, für sich betrachtet, eine ganz annehmbare Ableitung von dem Verbum guverner und passt in der Bedeutung „Lenkung" auch ganz gut in den Vers:

> ... sunt la venuz issi sanz guvernage.

Da aber C. an dieser Stelle das bekannte guionage hat, lässt sich ein Versehen des Kopisten annehmen und guionage für guvernage einsetzen (vgl. 3249).

nunzage 318 (O. nunceage) = message ist eine Ableitung von dem Verbum nuncier. Die häufiger gebrauchte Form ist „nunciation".

presentage 431a. — Der durch C. allein überlieferte Vers lautet:

> [Li enfant ki furent troue sur le rivage]
> Dunt fist li seneschal al rei sun presentage.

Das Possessivpronomen sun weist darauf hin, dass wir hier presentage in der von Du Cange dem Worte praesentatio gegebenen Bedeutung als „Art einer Abgabe" aufzufassen haben. „Faire presentation" (O. fere presenteisun) 151, hat offenbar denselben Sinn wie hier faire presentage: „dem Könige die ‚presentation' leisten."

Godefroy sagt „presentage s. m. action de présenter" und führt für diese Bedeutung nur die hier besprochene Stelle aus Horn als Beleg an. Hiermit ist aber für die Klarheit und Übersetzbarkeit des Verses nichts geleistet. „Il fait au roi son action de présenter" ist unverständlich. Godefroy hat übrigens für das öfter vorkommende presentation ebenfalls keine der oben angenommenen entsprechende Bedeutung angegeben. (Vgl. o. Anm. zu v. 28.)

quitage, nach Godefr. „affranchissement", ist höchst wahrscheinlich nur eine Umbildung von quittance (= exemption).

> v. 315 „Mes bon Rei poestis or nus dunez quitage"

ist zu übersetzen: „Nun aber, guter mächtiger König, gewähre uns Freisprechung" [selbst, wenn trop ai descouert mun corage, indem ich meinen Vater nannte].

retaillage 1358 ist eine Umbildung des v. 1363 stehenden retaillement, mit welchem es vollständig gleichbedeutend ist (= Abstrich, Verkürzung). Die letztere Form hat sich im Neufranzösischen erhalten.

Es wäre somit unter diesem Suffixe -age zu verzeichnen: eine Neubildung, die allerdings unsicher überliefert ist, — Eintreten von -age für -ation in 2 Fällen und für -ance und -ment in je einem Falle. Es lässt sich jedoch für keines der angeführten Wörter ein anderer Bildungsgrund erkennen, als der Wunsch des Dichters, dem Reim der betreffenden Tirade gerecht zu werden. Auf die Bedeutung der Wörter hat die Umformung keinen Einfluss ausgeübt.

-ance (-antia, [-entia]).

Unser Gedicht enthält **22** Substantive, die mit diesem Suffixe gebildet sind; dieselben gehören der Tirade 66 an. **12** dieser Wörter finden sich bei Sachs und Littré, [remembrance 1304 wird allerdings als veraltet bezeichnet.] Von den übrigen **10** Wörtern sind 4 als bemerkenswerte Bildungen herauszuheben. Es sind dies escotance 1302, [purtenance (O.) 1316], segurance 1324, voillance 1320. —

escotaunce 1302 ist von Godefroy nur mit dieser Stelle aus Horn belegt. „si faites escotaunce" steht offenbar des Reimes wegen für das im Altfranzösischen gewöhnlichere „si faites escut" mit der Bedeutung „si vous faites attention." —

segurance 1324. (O.) surance[1]) steht für seurte. Im Allgemeinen wird das Suffix -antia (welches ja aus dem Partizipialsuffix -aut gebildet ist), nur Verbalstämmen angehängt (z. B. assurer — assurance). Es muss also auch hier wohl angenommen werden, dass dem Reim zuliebe Suffixveränderung stattgefunden habe und seurance für das gebräuchliche seurte eingetreten sei.

---

[1]) Bei O. liegt hier offenbar ein Fehler des Kopisten vor, da dem zweiten Halbverse eine Silbe fehlt. Durch Einsetzen des richtigen viersilbigen seurance ist die nötige Silbenzahl hergestellt.

[**purtenance** O. 1316 beruht wohl auf einem Versehen des Schreibers. Der Vers, der nur in O. vorkommt, hat 2 Silben zuviel:

Uncore tenent la tere od tute la purtenance.

Im ersten Halbvers muss das e von uncore fallen. Die zweite Hälfte wird auf die richtige Silbenzahl gebracht, wenn man statt purtenance das bekannte tenance („Besitz", s. Bartsch, Chrestom.) einsetzt. Purtenance lässt sich jedoch auch halten, indem man den Artikel streicht -- „od tute purtenance"; alsdann wäre purtenance aufzufassen als eine, allerdings anderweitig nicht zu belegende, Ableitung von dem bekannten Verbum portenir (Godefr. = appartenir [1]).]

voillance 1320, das in der Zusammensetzung bienvoillance in die heutige Sprache übergegangen ist [2]), ist offenbar aus dieser regelrecht gebildeten Verbindung herausgelöst und ohne Gefühl für den verbalen Charakter des Wortes in bone voillance auseinandergezogen worden. Die bekannte Form bienvoillance passte nicht in den Vers, der in beiden Handschriften C. und O. ganz gleichlautend überliefert ist:

1320. Qu'il aveit en sun quor vers li bone voillance.

-ard (dtsch. -hart). Von den **10** hierher gehörigen Substantiven [3]) seien zuerst die beiden Eigennamen **Laucopart** C. 1698 (O. lazopart, H. li zopart) und **Malbruart** C. u. H. 1708 (O. malbroinant) hervorgehoben. Der letztere Name scheint nur eine (bereits auch von dem Schreiber der O.-Handschrift gefühlte) Nebenform von Malbroïn (O. 7) zu sein. Unter den übrigen Wörtern ist

---

[1]) Es giebt noch einen dritten Weg, um zu der richtigen Silbenzahl zu gelangen. Anstatt od tute la purtenance setze man od tute apartenance. Dies letztere hat sich im Neufranzösischen erhalten.

[2]) bienveillance im Neufrzs., statt des regelrechten bienveuillance, beruht auf früheren Gleichklang von -eil (-eul) und -euil, vgl. Cohn „Die Suffixwandlungen im Vulgärlatein etc.", Halle 1891. S. 263 ff.

[3]) Nicht mitgezählt sind an dieser Stelle die substantivisch gebrauchten Adjektive auf -ard, wie z. B. coart 1704, gaillart 1699, liart 1696.

nur **tusart** 1702 bemerkenswert. Aus dem ganzen Zusammenhange und einer Vergleichung der beiden Verse:

1702. Jo li dei bien eidier il me nurri tusart

und   1806. Qu'il m'ad suef nurri de mut petit tusel

geht hervor, dass tusart vollständig gleichbedeutend ist mit dem bekannten tusel. tusel, das sich z. B. in Durmart li Gallois findet und synonym ist mit meschin, ist nach Diez Wb. griechischen Ursprungs, nämlich entstanden aus thyrsus, ahd. turso (Spross, Schössling), mit Synkope des r, tus(o), das sich im Altprovenzalischen häufiger zeigt (vgl. Bartsch, Altpr. Chrest. tos)[1]). Das Suffix -hardus, das, wie im Deutschen, so auch in den romanischen Sprachen seinem Primitiv meist eine ungünstige Bedeutung verleiht (vgl. Diez, Grammat. II⁴, 386), ist hier wohl bloss als Augmentativ ohne schlimmen Nebensinn gebraucht. Das Femininum tosarda (altprov.), Mädchen, s. Diez, ibid.

-al [-el] (-alis).

In unserm Gedichte kommen **16** mit diesem Suffixe gebildete Wörter im Reime vor. In Bezug auf den im Altfranzösischen häufigen Wechsel zwischen -al und -el sei bemerkt, dass, mit Ausnahme des v. 573, die Tiraden den el-Reim von den hierher gehörigen Wörtern rein halten. Im Versinnern finden sich zwar nasel (1699 O., 4801 O.), ostel (444 C. u. O., 2472 u. 2474 C. u. H.), im Reime dagegen nur nasal (1993, 3200, 3374), ostal (202, 3561, 4114). Auffällig setzt sich hierzu in Widerspruch durch seine Doppelform der Eigenname **Toral** (212 C., 583, 876 C. u. O.), **Torel** (573 C. u. O.). — Der Ausgang des Verses 212 ist höchst wahrscheinlich von dem Schreiber von O. absichtlich aus Herlant le fiz Toral in Herlant le seneschal umgewandelt worden.

Der Kopist begegnete hier dem Namen zum ersten Male, der vielleicht undeutlich geschrieben war, und so setzte er

---

[1]) Richtiger: tusel = tousellus (v. tondere), der kleine Geschorene (Knabe mit kurz geschorenem Haare). Vgl. Lat.-rom. Wtb. 8236.

dafür das in derselben Tirade schon einmal v. 196 stehende Herlant le seneschal ein. Während somit die Form Toral bei der ersten Erwähnung des Namens als sicher überliefert angesehen werden muss, lässt sich die an zweiter Stelle überlieferte Form Torel ebensowenig anzweifeln. Obschon die beiden Handschriften C. und O. in keinem direkten Verhältnisse zu einander stehen, haben doch beide den Vers 573 gleich überliefert:

(C.) Ke bien se esleescast herlaund li fiz torel.
(O.) Ke bien selleesast herlant le fiz torel.

In beiden Handschriften bildet dieser Vers den Schluss einer reinen el-Tirade; sofort dahinter folgen 14 al-Reime und darunter (v. 583 C. und O.) der Name Toral. — Es ist hiernach gar nicht zu verwundern, dass der Dichter, dem nicht einmal seine Eigennamen unantastbar waren, der selbst diese dem Reim zuliebe bald mit diesem, bald mit jenem Suffixe versah, sich bei der Umbildung anderer Wörter die grössten Freiheiten erlaubte [1]).

esturmal 2172 neben esturman 2141, 2152 erinnert an cender 2290 neben cendal 575. Allerdings hat C. 2172 Tute

---

[1]) Interessant sind in dieser Beziehung auch die beiden Verse 827 und 1045. — Tirade 42, die v. 827 enthält, reimt auf -ise. Dieser Reim kehrt nur noch einmal im ganzen Gedichte wieder und zwar in der Tirade 47, die mit Tirade 42 mehr als die Hälfte ihrer Reimwörter gemein hat. Es ist klar, dass der Reim dem Dichter besondere Schwierigkeiten machte. In der Verlegenheit mag er denn wohl statt des ihm geläufigen si m'aït saint Denis! (v. 1087, 1272, 2277, 4268) einmal si m'aït saint Denise! 827 (C. u. O.) gesetzt haben, vielleicht in Erinnerung an den lat. Vocativ. —

Vers 1044 steht in einer -ent Tirade.

(C.) Entretaunt k'unt parle e Rigmel Hersent.
(O.) Entritant k'unt parle Rimel e Herselot.

Wenn man die Handschriftenüberlieferung achtet, muss bei der Besserung der zweiten Vershälfte der Eigenname als Reimwort beibehalten werden (etwa: e Rigmel e Hersent). Die Freundin Rigmels Herselot (495, 502, 516, 706, 719, 729) muss sich dann allerdings in Hersent oder Herselent verwandeln.

nut ont coru al sen delesturial, aber H. „al sens del estermal"
spricht dafür, dass wir hier zu übersetzen haben: „die ganze
Nacht sind sie gefahren im Sinne des Steuermanns"; Godefroy s. v. esturman hat die Stelle jedenfalls auch so aufge-
fasst. esturial ist unerklärt; estermal und esturmal sind nur
durch die hier angezogene Stelle aus Horn belegt. Der Dichter
hat das -an von esturman [aus holländ. stuurman, Steuermann,
s. Diez Wb.] für das Suffix -anus gehalten und dies durch
-alis ersetzt. In esturmant 110 liegt die im Altfranzösischen
häufig vorkommende Vertauschung von -an mit der Partizipial-
endung -ant (em) vor[1]). — Aus dem umgekehrten Verfahren
sind hervorgegangen die Formen: marinan 3329, marinanz 63
für marinal, — amirant 3004 für amiral. Es ist zu bemerken,
dass im Versinnern stets marinal und amiral gebraucht werden
(s. z. B. 2159, 3821).

   -ee (-ata).

   Neben 18 Partizipialbildungen (wie z. B. chevauchee 2527,
duree 1611) wurden 16 weibliche Substantive dieser Bildung
gezählt, denen kein romanisches Verbum zu Grunde liegt. Von
diesen letzteren sind 8 in die moderne Sprache übergegangen.
Von den 8 altfranzösischen Wörtern sind hier zu verzeichnen:
costumee 4157 (Godefroy citiert nur diese Stelle aus Horn),
miee H. 1457 (Godefroy giebt keine genügende Auskunft),
noisee 1605. —

   V. 4157 lautet in C. und H. übereinstimmend:

A sun dru le porta cum iert la costumee
Ihrem Trauten brachte sie es (scil. das Horn), wie es Sitte war.

   Die gewöhnliche Wendung ist „cum iert costume" ohne
Artikel 745, 4137, 4145. Durch das Einsetzen der Neubildung
costumee erscheint aber hier der Gebrauch des Artikels gerecht-
fertigt.

---

   [1]) Beispiele s. Diez, Gramm. I⁴, 311. — Oder ist, wie Thomas
(Romania XXIV 115) will, -ant = german. -inc anzusetzen, wie dies
bei cormoran(t) allerdings wahrscheinlich ist?

Seiner Bildung nach steht **costumee** zu costume in demselben Verhältnis wie nuee zu nue. Der Bedeutung nach unterscheidet sich die Ableitung in nichts von dem Primitiv; dieselbe ist eben nur eine Verlegenheitsschöpfung des Dichters nach dem Muster der zahlreichen hierher gehörigen Bildungen [s. Diez II⁴ 358]¹).

miee 1457 ist nur durch H. überliefert:

Ne del soen ja n'auront, si deu plest, une miee.

C. hat par deu, une denree, O. si deu plest, un ouee. Die in H. in der zweiten Vershälfte stehende überzählige Silbe wird ausgemerzt, wenn man schreibt: par deu, une miee. Dem Sinn nach passte miee (*micata) von mie (mica) ebenso gut, ja eigentlich noch besser in den Vers, als ovee (ovata, Godefroy omelette) oder denree (denar + ata): „und dass sie von dem Seinigen gar, bei Gott, nicht ein Bröcklein bekommen werden.“

[Godefroy hat: miee = „jattée de lait dans laquelle on émiette du pain“ und citiert

Le piece (de pain), que je tinc es mains m'ont happee
Et puis en mun escorc trestote la miee.

(Helias, Richel. 12558, f⁰ 14 c.)

Hiermit ist das Wort zwar dem Sinne nach erklärt, aber nicht übersetzt. Ins Deutsche liesse sich die Stelle etwa übertragen: „Das Stück (Brot), welches ich in den Händen hielt,

---

¹) Godefroy, s. v. costumee, meint: „Peut-être faut-il lire l'acostumee.“ — Es ist nicht recht ersichtlich, was hiermit gewonnen wäre. In acostumer steckt der Begriff der subjektiven Angewöhnung, und von einer solchen ist hier, wie aus dem Zusammenhange hervorgeht, gar nicht die Rede. Rigmel fügt sich, wenn auch mit innerem Widerstreben, der Hochzeitsitte —

4140. Ke del beivere servist tut itant de fiee,
Cum li seneschal mangast od cel autre mesnee. —

[acostumement findet sich v. 1940.

Kar a ces dunt sui niez n'est acostumement,
(nämlich dc fere serement.)]

haben sie mir weggeschnappt und dann in meinem Schoss das ganze Gebrösel".]

miee ist von dem Dichter des Horn jedenfalls ganz gleichbedeutend mit mie nur des Reimes wegen gebraucht worden, als bildlicher Ausdruck der Geringfügigkeit, der Winzigkeit.

noisee 1605 ist höchst wahrscheinlich ebenfalls eine durch den Reim erzwungene Bildung. Das bekannte, heute im Englischen und im familiären Französischen noch erhaltene Primitiv ist noise [nausea], vgl. 2934; davon die Ableitung noisance 1322. Vielleicht liesse sich hier zwischen noisee und noise der Bedeutung nach dasselbe Verhältnis herausfühlen, wie zwischen dem deutschen „Lärm, Zank" und „Gelärm, Gezänk".

-erie [-aría].

Im ganzen wurden im Horn **10** Substantive, welche mittels dieses Suffixes abgeleitet sind, gezählt. Erwähnenswert erscheinen hiervon die im Reime unmittelbar hintereinander folgenden Wörter gorgerie 2594 und surquiderie 2595. — Die betreffende Stelle lautet:

> 2594. Eglaf out num li forz, ki'n fait grant gorgerie,
> E mut se vet vauntant par grant sorquiderie.

gorgerie ist eine Ableitung von dem heute noch im Französischen erhaltenen Verb gorger, „vollpfropfen, vollstopfen" und hat die Bedeutung „Dickthuerei, Aufgeblasenheit, Prahlerei", (nfrz. rengorgement).

sorquiderie ist gleichbedeutend mit sorquidance 1313, [*supercogitantia] „Dünkel, Selbstüberschätzung".

[-ur (or) [orem].

Unter den **26** im Horn vorkommenden Wörtern dieser Bildung sind herauszuheben covertur 477 und leissur 2890, die allerdings auch anderweitig belegt sind. —

covertur ist in C. und O. ganz gleich überliefert:

> 477. suz hermin covertur.

In demselben Zusammenhange findet es sich noch einmal im Versinnern 726, C. „suz covertur martrin", O. suz cuvertor hermin". Das Maskulinum covertur ist entstanden als Nebenform zu covertoir (*coopertorium) [vgl. esmireur 526 mit miroir]. — coverture bezeichnet seiner Ableitung nach ganz richtig alles, was Deckung gewährt, und wird deshalb auch in bildlichem Sinne gebraucht [vgl. Diez 1. c. 348: „die Ableitung (t-ura), welche sich an das Supinum fügt, drückt eine Handlung aus...".

leissur (vgl. engl. leisure), femin. ist nach dem Beispiele von irur, baudur, folur etc. durch Austauch von -ur gegen -ir entstanden.]

-ie [-ía].

Nur eins von 14 hierher gehörigen Wörtern scheint sonst im Altfranzösischen wenig gebräuchlich zu sein. Es ist dies das auch im Horn nur durch O. überlieferte rustie 1865 (C. hat estultie, H. mestrie.) rustie (= rust + ía), „Barschheit, Ungeschliffenheit", passte dem Sinne nach sehr gut hierher. (Bartsch, Chrestom.³ Gloss. hat „rustié, violence, Gewalt"; in der 5. Aufl. ist jedoch der Accent, der im Text selbst fehlte, verschwunden.)

-ise [itia].

Auch hier ist nur eine Bildung (unter 8) als wahrscheinlich Horn allein angehörig zu nennen: Palenise C. (O. paenise) 923. Es ist bereits oben gesagt, dass in dem ganzen Gedichte nur 2 Tiraden (42 und 47) auf -ise reimen und dass man annehmen darf, derartige Reimwörter seien dem Dichter nicht leicht zugeflossen. painise ist gleichbedeutend mit paenie 3420, „die Heidenschaft, das Land der Heiden", und ist auch wahrscheinlich in der Verlegenheit aus diesem gebildet. Man kann nicht sagen, dass diese Umbildung eine glückliche war, da das Suffix -ise sonst nur für Abstracta gebracht wird (Diez, Gr.⁴ II, 364). Der Vers lässt sich aber auch nicht gut ändern, da C. und O. ihn übereinstimmend überliefern:

U en bliaut de paile, del meuz de paieniee[1])

-in, -ine.

Unser Gedicht enthält 38 Worte auf -in, -ine. Zwei davon sind bemerkenswert: **mercin** 3688, 3979, **owailline** O. 1616. Ersteres, welches auch von Godefroy aufgeführt, ist eine in den Reim gepresste Umbildung von merci. Letzteres wäre, wenn es sich halten liesse, eine Ableitung von owaille. Die diminutive Kraft von -ine (s. Diez l. c. 339) wäre hier nicht schlecht verwertet, da owailline als Verkleinerung des nicht mehr als solche gefühlten ovaille den hier gebrauchten Ausdruck der Geringschätzung, der Wertlosigkeit, sinnfälliger machen würde.

> Si fert un paien ....
>
> 1666. Ke l'escu ne li valt la cue d'une owailline.

C. und H. haben geline. C. hat indes einzig richtig

> Que l'escu ne li vaut l'ele d'une geline.

Der Vergleich, („dass ihm der Schild nicht so viel nutzt als ein Hühnerflügel"), ist viel zutreffender als la cue d'une geline H. oder la cue d'une owailline.

-sun [-t-ionem.]

Unter der grossen Zahl der hierher gehörigen Substantive sind als auffällig zu verzeichnen H. **cuncenteisun** 3620, **orbeisun** 2446, **perdeisun** 4551, **parteisun** 4557, **receveisun** 4568, **vengeisun** 1510. — cuncenteisun ist offenbar verschrieben für consenteisun und ist gleichbedeutend mit dem in C. stehenden asenteisun. Es ist ebenso wie die übrigen Wörter eine Bildung auf -ationem nach dem Muster von oreisun (orationem), reisun (rationem) und vielen andern, in denen ai bald durch ei, bald durch e oder i ausgedrückt wird (s. Diez l. c. 346).

---

[1]) V. 1648, der in keiner der drei Handschriften richtig erhalten ist, hat in C. paenisme. Dies muss indes fallen, da es nicht in den -ine Reim passt. Vielleicht liesse sich schreiben statt:

> A lui sunt alie la gent de paenisme

mit Einsetzung von paenin für paeniu (s. H. und Bartsch. Chrest. Gloss.)

Bemerkenswert ist, dass die meisten dieser Worte sich erst gegen Ende des Gedichtes finden, und dass drei derselben Tirade 214 angehören. Die ersten 4 führt Godefroy nur mit der betreffenden Belegstelle aus Horn auf |s. parteisun in der Bedeutung „Trennung, Ehescheidung"].

Ein nur oberflächlicher Vergleich der un -Tiraden 75, 118, 174 und 214 zeigt deutlich die stets abnehmende Reimfindigkeit des Dichters und erklärt die oben angeführten Bildungen.

-un [-onem].

Dieses Suffix scheint in unserm Gedichte ebenfalls zu nur einer Neubildung benutzt worden zu sein. Das Wort cetun 1405 „der Walfisch", sonst altfranzösich cete = cétacé (s. Godefroy), ist aus keinem andern Schriftwerk belegt. Das Suffix -onem, das vielfach bei der Benennung von Tieren gebraucht wurde, konnte ohne Schwierigkeit auch hier angewandt werden, cet(um) + onem.

-ment [-mentum).

Dieses Suffix ist, wie im Romanischen überhaupt, so auch im Französischen ein beliebtes Bildungsmittel gewesen. Es entspricht dem deutschen -ung (s. Diez l. c. 383). Wie übermässig aber das Altfranzösische davon Gebrauch machte, geht daraus hervor, dass von 133 Substantiven auf -ment, welche sich im Horn finden, nur 30 in der modernen Sprache erhalten geblieben sind. Es ist hiernach auch nicht zu verwundern, dass einzelne dieser Worte nur durch unser Gedicht zu belegen sind. deduiement 2688, [guerrement H. 3600], harpement 2692, juglement 5197, loengement 3218. Dies letztere ist von einem Verbum sekundärer Bildung abgeleitet und nimmt dadurch eine besondere Stellung ein. — **deduiement** (H. delitement) steht an Sinn und Bildung gleich dem modernen amusement. — |**guerrement** lässt sich nicht mit Sicherheit halten, da der Vers eine Silbe zu wenig hat. Da das Verbum guerroier heisst, liesse sich allenfalls einsetzen guerroiement:

3600. Jo sui vielz, si ne puis tenir guerroiement.

Dem Sinne nach würde das wohl passen. C. hat aber
mit „tenir governement" die richtige Silbenzahl überliefert und
so empfiehlt es sich, diese Lesart anzunehmen.] — **harpement**
und **juglement** haben die Bedeutung der substantivierten In-
finitive harper, jugler. Vers 5197 bedarf einer Änderung. Er
lautet:

> Unkes aneces nen out nul peur iug(l)ement.

Dafür lässt sich wohl setzen:

> Unkes anceis n'it out nul peur iuglement.

Das l von juglement ist in der Handschrift zwar erst
nachgetragen; aber, wenn auch jugement sich ebenfalls halten
liesse, so scheint doch juglement im Anklang an Vers 5176

> Co volt sire horn k'il seient jugleor —,

die bessere Lesart zu sein.[1]) —

loengement ist eine indirekte Ableitung von dem Sub-
stantiv loenge (louange). Die unmittelbare Ableitung von dem
Verbum loer war bereits vorhanden (loement), aber in der Bedeutung „Rat" (s. loement 1035, 1369 und als Reimwort sofort
hinter loengement folgend, 3219). Man half sich daher, indem
man von dem Verbum loenger (nfrzs. louanger, lobhudeln) mit
dem bekannten und beliebten Suffix -ment den für den Reim
so wünschenswerten Lückenbüsser bildete. loenges (im Plural)
deckt sich dem Sinne nach vollständig mit loengement. [An-
zumerken ist hier, dass laudemium nach dem Cod. Just. „Lehn-
ware, Lehngeld, Handlehn" bedeutet, also von dem frzs. loenge
(louange) bezw. loenger innerlich denselben Abstand hat, wie
loement von laus bezw. louer.]

Wir finden auch unter diesem Suffixe, ebensowenig wie
unter den vorhergehenden, eine Neubildung, welche eine eigent-

---

[1]) Godefroy citiert nach Michel
> Unkes a noeces n'en out nul pocur juglement.
Hiernach wäre etwa zu bessern:
> Unc a ses noces n'out nuls poeur juglement.

liche Bereicherung der Sprache, ihrem Gedankeninhalt nach, bedeutete. Diese letzten, wie alle oben besprochenen Bildungen, kamen höchstens, wenn sie überhaupt erhalten blieben, dem Reimvokabular zu gute, welches sich zur Zeit der Tiradendichtung jedenfalls wesentlich und nicht immer sehr vorteilhaft von dem Wortschatze der Umgangssprache unterschied. Mag nun aber dem Dichter des anglo-normannischen Horn hieraus kein besonderer Ruhm erwachsen, so viel ist sicher, dass derselbe, indem er selbst Reimwörter bildete, nur von einer allgemeinen, zünftigen Freiheit Gebrauch machte: seine Sprache ist ja im übrigen gewandt, seine Darstellung geschickt. — Wissmann (l. c.) will dies zwar nicht zugeben, aber eine nähere, wenn auch noch so kurze Betrachtung der Wissmannschen Ausführungen (die den Schluss dieser Bemerkungen bilden soll), wird zeigen, dass dieselben auch in Bezug auf unsern Dichter ein unumstössliches Endurteil nicht enthalten.

Die altfranzösische Chanson wird von Wissmann behandelt[1]) im zweiten Teil seines eingangs erwähnten Aufsatzes (Quellen und Forsch. XVI), wo er „das Verhältnis der verschiedenen Fassungen der Hornsage" (S. 64) bespricht. W. will beweisen, dass der mittelenglische King Horn „keine Bearbeitung des französischen Romans sein kann", und kommt dabei zu dem Schlusse: „Das umgekehrte Verhältnis dagegen ist

---

[1]) W. bringt an dieser Stelle eine ausführliche Inhaltsangabe unseres Gedichtes, die jedoch an einigen Ungenauigkeiten leidet. So wird z. B. v. 560 „un anel — gros d'or quit melekin des le tens Daniel" wiedergegeben durch „einen Ring, den Melechiel zu Daniels Zeiten geschmiedet"; — v. 568. „grant cupe d'or . . . del oure salamun ki fud reis d'israel" soll sein „ein Becher des Schmiedes Salamum" (l. c. S. 68). v. 404. „Enz as chambres reals en est forment loed" wird angeführt als im Widerspruch stehend mit v. 460, wo Horn zum ersten Male bei Hofe eingeführt wird. W. sagt in seiner Note zu v. 432 ff.: „Danach wurden die Knaben nicht am Hofe erzogen. Es steht hierzu im Widerspruch Z. 404." Aber der Sinn der Stelle ist doch deutlich: Horn machte so gute Fortschritte unter Herlants Leitung, dass sein Lob (und nicht er selbst) bis in die königlichen Gemächer gelangt.

nicht nur denkbar, sondern bis zu einem gewissen Grade sogar
notwendig. Eine ältere Quelle, als das Lied von King Horn
für R. H. [den altfranzösischen Roman] vorauszusetzen, sind
wir durch nichts berechtigt" (S. 114). Gegen den letzten Teil
dieser Behauptung ist bereits aus sprachlichen Gründen Ein-
spruch erhoben worden (vgl. Vising, „Sur la versification anglo-
normande"); — aber auch andere, innere Gründe führen dazu,
dieselbe zurückzuweisen. Stimming (Engl. Stud. I, 352) hat,
wie bereits bemerkt, die Haupteinwände, welche sich aus einem
Vergleich des mittelenglischen King Horn mit dem französischen
Roman schöpfen lassen, klar und übersichtlich zusammengestellt.
Mit Recht wird darauf hingewiesen, dass die Dichter des
Mittelalters selten wagten, „willkürlich etwas in der Fabel oder
der Folge der Ereignisse oder selbst in den Namen zu ändern".
Aber in den beiden Gedichten sind nicht nur fast alle Namen
verschieden, sondern die Verwandtschaftsverhältnisse der (in
R. H. weit zahlreicher, als in K. H.) auftretenden Haupt- und
Nebenpersonen sind in dem altfranzösischen Roman so klar
und folgerichtig dargestellt und durchgeführt, dass man kaum
annehmen kann, der Dichter Thomas habe dieselben frei er-
funden. — Baderalf, Kaiser von Deutschland (Tirade 12 und
178), hat eine Tochter Goldeburc (v. 257). Diese ist die Mutter
Aalufs *[K. H. Murry]*. Aaluf wird von seiner Familie ge-
trennt (was in einer voraufgegangenen Chanson erzählt worden
ist), und kommt als Findling an den Hof des Königs Silaf von
Suddene (v. 1388). Er heiratet später dessen Tochter Samburc
(v. 4876) *[K. H. Godhild]*; ihr Sohn ist Horn, der Held unseres
Gedichtes. Derselbe hat das gleiche Schicksal, wie sein Vater;
er kommt als Findling an den Hof der König Hunlaf *[K. H.
Ailmar]*, des Beherrschers der Bretagne, und vermählt sich
nach Überwindung vieler Schwierigkeiten mit dessen Tochter
Rigmel *[K. H. Rimenhild]*. Sie bekommen einen Sohn Hadermod, dessen Schicksale, wie der Dichter verspricht, von seinem
Sohne Gilimot (v. 5241) erzählt werden sollen. — Der kaiser-
liche Ahnherr unseres Horn hat einen Bruder Haderof (Har-

deron) 3718. Von diesem stammt ab Modun *[K. H. Modi]*,
König von Fenie, der somit als weitläufiger Vetter Horns gelten
kann (3721)[1]. — Mit derselben Genauigkeit wie für Horn
wird auch das Verwandtschaftsverhältnis seiner Feinde, der
Heiden, festgestellt. Die Haupthelden dieser letzteren werden
als Brüder aufgeführt. Der älteste derselben ist offenbar Gudbrant (2914 Goldebrant), der Sultan von Persien; er tritt in
unserm Gedichte selbst nicht handelnd auf. Auf ihn folgt
Rodmund, der Eroberer von Suddene. — Gunderolf und Egolf
(v. 1326), Könige aus Afrika, sind die Anführer der Heiden
bei ihrem Einfalle in die Bretagne. In Westir (Irland) werden
die Sarazenen geführt von Hildebrant (v. 2912) und Herebrant
(v. 2913), welche ihren Neffen Rollac (2916), den Sohn Gud-
brants, bei sich haben. Dieser, obschon noch sehr jung, hat
bereits den Zug nach Suddene mitgemacht und hat dort sogar
den Siegespreis davongetragen, indem es ihm gelang, Horns
Vater Aaluf im Kampfe zu töten. Seinen Namen trägt er zu
Ehren seines Onkels Rollac, der selbst durch Aalufs Hand
gefallen war (vgl. d. Namensregister). — Auch bei den meisten
übrigen Personen werden die Verwandten genannt. Der Vater
des Herlant (des seneschal König Hunlafs), heisst Torel (573),
sein Sohn Jocerand. — Dieselbe Rolle, welche Hadero(l)f (364),
[K. H. his felage Athulf] bei Horn spielt, spielte sein Vater
Hardre bei Aaluf (v. 280). — Es ist nur natürlich, dass auch
die Abstammung des Verräters mitgeteilt wird. Wikele (1832)[2]

---

[1] K. H. hat Modi of Reynis „on of Hornes enemis" (Quellen u.
Forsch., XLV. Heft, Strassburg 1881, 976). Modun war seinem ganzen
Auftreten nach gar kein Feind Horns. Seine Ehe mit Rigmel war nur
das Ränkewerk Wikles. — Die hierauf bezügliche Bemerkung Söder-
hjelms s. w. u.

[2] Der unromanische Name, welchen der Verräter in unserer
Chanson führt, ist in dreifacher Form überliefert: dreisilbig (1.) Wikele(s)
und zweisilbig, (2.) Wikle, (3.) Wikel. — [Wike(s), O. 1832, 2111, 5040,
steht nur infolge eines Versehens des Schreibers, wie aus v. 1839 Wik^l e,
mit übergeschriebenem 1 hervorgeht.] — Bei der Frage, welche von diesen

[K. H. Fickenhild] ist der Neffe (oder Enkel?) des Denerez (Wissmann Q. und F. XVI, 75, hat Deverez); sein Bruder ist der gute, Horn zugeneigte Wothere (5053). — Der Sänger Thomas wird diese geordneten Verhältnisse wohl ebensogut in seinem parchemin (auf welches er sich so oft beruft) gefunden haben, wie die „zahlreichen Überraschungen (?)" (Wissmann l. c. 109, 29), welche er dem Hörer bereitete. — Wenn man dem Dichter glaubt, dass seine Zuhörer schon vernommen haben „les vers del parchemin, Cum li bers Aaaluf est venuz a sa fin", dann erklärt sich (zwar vielleicht nicht, warum er plötzlich einen sonst nicht genannten Bruder Rigmels, Baderof [2792 ff.], aufführt, wohl aber) das Auftreten der so lange verschollen gewesenen Mutter Horns. Es ist gar nicht recht

---

drei Formen festzuhalten ist, bezw. sind, handelt es sich zuerst darum: ist der Name dreisilbig richtig überliefert? — Für die dreisilbige Form lässt sich geltend machen: 1. Die betr. Person wird bei ihrem ersten Auftreten v. 1832 von zwei Handschriften (C. und H. gegen O.) in sonst glattem Vers als Wikeles eingeführt. (Wikeles i esteit gegen O. Wikes i esteit dunc). — 2. In v. 4000 (C. und H.) Od eus vient Wikele, v. 4017 (C.) E quand Wikele l'ot und v. 4310. Veez la Wikele, — erscheint eine Änderung ungerechtfertigt. — [Gegen die Änderung in dan Wikle oder dan Wikel streitet der Umstand, dass der Name W. nur einmal v. 4553 und zwar offenbar in ironischem Sinne mit dan verbunden ist.] — 3. Für die Dreisilbigkeit spricht die Überlieferung ferner v. 1839, 4055, sowie 1849 und 2111, wo sich die in O. fehlende Silbe am besten ergänzen lässt, wenn man mit C. und H. statt Wikle (Wikes) dreisilbig Wikele liest. Dasselbe gilt für H. 3739, C. 4058. — v. 4030 kann man jedoch zweifelhaft sein, ob man C. (Wikele dist Modun) folgen oder nach H. (Wikle coe dit Modun) ändern soll. — Die dreisilbige Form des Namens kann hiernach wohl als gesichert gelten. Neben dieser muss aber unbedingt noch eine der beiden zweisilbigen für unser Gedicht beibehalten werden, wenn man nicht eine Reihe sonst unnötiger Versänderungen vornehmen will. — In C. findet sich zweisilbig nur Wikel 3832, 3890 [4058 s. o. 3], 4066, 4431, 4443, 4451, 4553, 4559. — H. hat Wykel 3832, Wikel 4004, sonst Wykle (Wikle) [3739 s. o. 3], 3765, 3890, 4066. — O. schreibt durchgehends Wikle; gezählt wurden 19 Fälle (vgl. besonders v. 1839), nie findet sich Wikel. — Obschon nun die beste Handschrift (C.) die Schreibung Wikel empfiehlt, muss man sich doch

ersichtlich, inwiefern der Dichter von dieser spricht „in einer
Weise, die zeigt, dass er hier eine neue Person einführt".
(W. l. c. 113, 48.) Wiederholungen sind in den altfranzösischen
Epen sehr häufig, und es ist sehr leicht möglich, dass die
ganze Episode, vielleicht wortgetreu, schon in der Chanson
von Aaluf gestanden hat. Es stimmt doch sehr schlecht zu-
sammen die Annahme, dass der Dichter dem Vater Horns
„eine besondere Branche" (W. l. c. 103) gewidmet habe, —
und die Behauptung: „Von ihrer (der Mutter) Flucht kann
unmöglich vorher die Rede gewesen sein." (W. l. c. 113.) —
Ein Grund für die uns ganz überraschende Erwähnung des
Bruders der Rigmel (C. Bader of H. Batolf 2792) lässt sich
ebenfalls finden, wenn man den Wissmannschen Standpunkt
verlässt. Baderof (Batolf) wird nur einmal genannt, und zwar

---

für Wikle entscheiden: denn dies ist neben einem dreisilbigen Wikelé
die natürlichste Kürzung (das mittlere e zwischen Muta und Liquida
steht oder fällt je nach Bedarf, wie im Englischen noch bei Shakespeare.
Durch die Annahme einer Doppelform Wikele neben Wikle (vgl. deutsch
Friederich neben Friedrich) wird, wie bereits oben bemerkt, die Text-
besserung wesentlich erleichtert. — Ich würde z. B. vorschlagen, in dem
fehlerhaft überlieferten v. 1857 das erste Hemistich nach C. und H.
bestehen zu lassen und zu schreiben:
        Avoi dist Wikelé onc mes ne voil joe tal.
    In v. 1859 dagegen würde ich die zweisilbige Form einsetzen
und lesen:
        Or vei bien dist Wikle ke cest dun n'aurai mie.
Dasselbe würde ich thun in dem sehr verderbten v. 1869:
    C. A taunt sen turne Wikele od chiere mut marrie
    O. A tant senturnat wikle od chere mult marrie
    H. A tant senest torne wikele od chere marie
und ändern in
        A tant s'en vait Wiklé od chere mult marrie.
    v. 1888 kann man nach C. und O. dreisilbig oder mit H. zwei-
silbig lesen.
    v. 3693 Wikele pur vostre amur, muss heissen Wikle pur vostre
amur. Die graphischen Zeichen, welche sich in C. über und unter dem
mittleren c finden, scheinen wohl die Tilgung dieses Buchstabens zu
bezwecken. — v. 3765 lese man Wickle le recreant.

bei Gelegenheit der Schilderung des Hoflebens, welches Horn [Gudmod] in Dublin führt. — Die schöne Lemburc, welche ihre Brüder und deren vermeintlichen Dienstmann Gudmod durch Harfenspiel und Gesang erfreut hat, erzählt ihnen, dass das beste Lied, welchem sie vor allen andern den Preis zuerkenne, dasjenige sei, welches die Liebe Horns und der schönen Rigmel besinge; leider sei es ihr nur zur Hälfte bekannt, doch das wisse sie bestimmt, dass „Baderof fiz Hunlaf . . . . . le fist de sa sorur" (v. 2792 und 2794). Aus dieser Stelle scheint hervorzugehen, dass „zur Zeit der Abfassung des „Roman de Horn" auch noch einzelne Lieder existierten, welche die eine oder die andere Episode aus der Hornsage behandelten." (Stimming l. c. 355.) Warum sollte man nun nicht annehmen, dass eines dieser damals allgemein bekannten Lieder ganz ebenso allgemein dem Bruder der Rigmel in den Mund gelegt wurde, und dass eine Erwähnung dieses Bruders für die Zuhörer des Thomas gar keine Überraschung (W. l. c. 109. 29) war. — Es lässt sich ferner gar nicht absehen, warum wir nicht berechtigt sein sollen, gerade in solchen Liedern für unsern Roman eine „ältere Quelle als K. H." zu erblicken. Die ausführliche Beschreibung des Aufenthalts Horns in Westir (sie umfasst 1734 Verse gegenüber K. H., der im ganzen nur 1594 Verse hat) scheint ganz besonders zu der Vermutung zu berechtigen, dass dem Dichter Thomas eine andere Bearbeitung der Sage als K. H. vorgelegen habe. Wissmann hat auch, um seine Ansicht zu stützen, von dem altfranzösischen Dichter eine Charakteristik geben müssen, die in sich ganz widerspruchsvoll ist. Einerseits nennt er denselben „einen sehr verstandesnüchternen Menschen", der nach einem wohlüberlegten Plan sein Gedicht bis in die kleinsten Einzelheiten ausgearbeitet hat: „Auftreten und Weggang jeder einzelnen Person wird genau begründet, der Hörer bekommt jedesmal zu wissen, dass eine Person auftritt und warum sie auftritt, dass sie weggeht, und warum sie weggeht und wenn auch nur gesagt wird, dass der oder jener Lust bekam, da oder dorthin zu gehen." (W.

l. c. 117.) Anderseits soll der Dichter nicht nur seine Vorlage ihrer ursprünglichen, einfachen Schönheit beraubt, sondern auch Verwirrung in die klaren Verhältnisse, die er vorfand, gebracht haben. Alle die „zahlreichen Überraschungen" müssen doch nach W. (da sie in K. H. nicht enthalten sind) dem Dichter Thomas zur Last gelegt werden. Wo aber soll man einen Erklärungsgrund für dieselben suchen bei einem so „verstandesnüchternen Menschen", der sich im übrigen bemüht, alles bis in die geringfügigsten Einzelheiten hinein genau und sorgfältig zu motivieren? — Leider hat man gar keinen Anhalt für die Feststellung der Persönlichkeit des Dichters Thomas. — Bisher hatte man denselben nach dem Vorgange Francisque Michels identifiziert mit dem Verfasser des Tristran. Söderhjelm (Romania XV, 575 ff.) hat jedoch nachgewiesen, dass an eine Identität der beiden Dichter nicht zu denken ist.[1]) Der ganze Charakter der beiden Dichtungen — Tristran ist ein lyrisch-episches Gedicht, welches durchaus das Gepräge des bretonischen Cyklus trägt, Horn „est un reflet de l'épopée germanique projeté sur le fond des chansons de geste française" (S. l. c. p. 580) — Styl, Versbau und Grammatik widerstreiten der

[1]) Zu dem Söderhjelmschen Aufsatz ist folgendes zu bemerken: Gudmond (S. 578, Z. 7 v. o.) muss nach Stengel unbedingt Gudmod heissen: damit fällt denn auch die Ausführung über diesen Namen S. 592, Z. 15 v. u. — Auch hat Gudmod (Horn) nicht „lutté avec les portiers" (S. 578, Z. 5 v. u.), sondern er hat bloss mit einem Thürhüter zu thun gehabt (vgl. v. 4085 ff.). — S. 578, Z. 14 v. o. wird gesagt, die Mutter Horns habe sich in die Ardennen zurückgezogen; es steht „dans les Ardennes (sic)". Mir scheint aber hier von den Ardennen gar nicht die Rede zu sein, sondern von einem Landstrich, der im Gegensatz zu Suddene — Ardene heisst. — Z. 21 wird bemerkt zu Modun: „qui tout à coup est devenu son cousin et bon ami." — Dass Modun der Vetter Horns ist, wird gleich anfangs auseinandergesetzt 3718 ff. — S. 591 Anm. würde ich eher vermuten, dass Lions = lat. Leona, St. Paul de Léon i. d. Bretagne, u. nicht = Carlion. — S. 592, Z. 16, „nous rencontrons même des noms comme .... Witegod, de source scandinave ou gothique" beruht wohl auf einem Missverständnis. v. 4013 bien jeurrez wîte god ist wîte Optat. von angels. wât und god = Gott.

bisherigen Ansicht. Man ist also auch jetzt noch darauf an-
gewiesen, den Dichter aus seinem Werke heraus zu charakteri-
sieren. — Als Wissmann dies unternahm, hatte er sich offenbar
bereits auf den Standpunkt gestellt, dass K. H. die direkte
Quelle unseres Romans sei: nur so konnte er zu den oben
erwähnten Widersprüchen kommen. Sobald man sich aber von
dem Gedanken losmacht, dass das altfranzösische Gedicht unmittelbar aus dem mittelenglischen herzuleiten sei, und statt
dessen voraussetzt, es sei eine Bearbeitung mehrerer Balladen
oder auch einer ausführlicheren Darstellung der Sage, als
sie K. H. bietet, — so schwinden diese Widersprüche. „Con-
truver la rime" scheint dem Dichter Thomas eine Hauptkunst
gewesen zu sein: und es wird sich mit ihm im übrigen ver-
halten haben, wie mit seinem Sohne Gilimot, von welchem er
selbst v. 5242 sagt: „la rime apres mei bien contruverat",
d. h. wenn ihm einmal die Geschichte des Hadermod bekannt
sein wird. Auch für den Horn wird der Stoff vollständig
fertig vorgelegen und die Arbeit des Dichters sich auf die
äussere Gestaltung beschränkt haben. Unter dieser Voraussetzung
erklärt sich dann auch am einfachsten und ungezwungensten
die stellenweise wesentliche Verschiedenheit zwischen der Darstellung der Sage in dem mittelenglischen und in dem anglo-
normannischen Gedichte. Eine hier zum Schlusse vorgeführte
ganz kurze Zusammenfassung einiger deutlicher hervortretender
Verschiedenheiten wird dies vielleicht schon erkennen lassen.

Es ist bereits oben bemerkt, dass der altfranzösische
Roman (R. H.) anknüpft an die Chanson von Aaluf. Dem-
gemäss wird uns Horn gleich anfangs als 10jähriger Knabe
(v. 141) vorgeführt. Von seiner Kindheit, seinen Eltern weiss
er so verständig zu erzählen, dass wir, auch ohne die vorher-
gehende Chanson zu kennen, seine früheren Schicksale vollständig erfahren (v. 244—320). Von seiner Mutter lässt der
Dichter den H. wohl deshalb nicht sprechen, weil er nichts
von deren Rettung wissen kann. Seine direkt ausgesprochene
Vermutung aber, dass sie tot sei, hätte die Hörer, die schon

anders unterrichtet waren, gar leicht in Verwirrung setzen können, um so mehr, als nach der damals üblichen Darstellungsweise Horn leicht dieselbe Vermutung hätte wiederholt äussern müssen, da die Geschicklichkeit der Dichter sich darin zeigte, einer Person eine und dieselbe Rede häufiger und nur in anders reimender Tiradenform in den Mund zu legen. — Im King Horn (K. H.) wird uns das Vorleben des Helden von Anfang an (v. 1—82) kurz und klar erzählt. Sein Vater wurde erschlagen, seine Mutter flüchtete sich „under a roche of stone" (75) und „ther heo livede alone", beweinte den Tod ihres Gatten und — „bad for Horn child, — that Jesu Christ him beo mild" (82). (Aus dieser kurzen Einleitung hätte nach W. der Dichter Thomas die ganze Chanson von Aaluf entwickeln müssen.)

In R. H. begründet Horn seine Weigerung, auf Rigmels Liebeswerben einzugehen, damit, dass er noch keine Heldenthat verrichtet habe und dass er eine heimliche Verlobung als einen Akt des Undanks gegen den König betrachte (kar si pus ja li reis vers mei n'iert corociez, v. 1180). In K. H. weiss Horn keine bessere Ausflucht zu finden, als zu sagen: „ihc am icume of thralle — and fundling bifalle . . . . . . hit nere no fair wedding — bitwexe a thral and a king" (434 ff.). Und doch hat er vorher am Hofe erzählt, als er um seine Herkunft befragt worden war: „Wi beoth of Suddenne — icome of gode kenne — of cristene blode — and kinges suthe gode." (179 ff.) Der Dichter durfte doch kaum annehmen, dass Rigmel dies nicht gewusst habe. Bemerkenswert ist, dass R. H. den Horn dieselbe Ausflucht sehr geschickt gebrauchen lässt gegenüber der Lenburc; denn am Hofe Gudereches weiss man von Horn (Gudmod) nicht anders, als dass er ein von Egfer angeworbener Dienstmann ist (3657 ff.) — In R. H. verdienen sich Horn und seine Gefährten die Ritterwürde durch einen siegreich bestandenen Kampf mit den Sarazenen; in K. H. kommen sie nur dazu durch die Intriguen Rigmels. — Vom Wissmannschen Standpunkte aus ist nicht begreiflich,

warum R. H. den bedeutsamen Traum (K. H. 683) nicht erzählt, in welchem Rigmel schon im voraus den Verrat ahnt,
der ihrem jungen Liebesglücke droht. — Anderseits wieder
begeht Fickenhild den Verrat an Horn nur, weil er „was the
werste moderchild" (v. 664), während R. H. wenigstens eine
Veranlassung für den Verrat Wikles angiebt in der Weigerung
Horns, diesem ein kostbares Pferd zu schenken, welches er
selbst erst kürzlich von Herlant bekommen hat (vgl. 1846 ff.).
— In K. H. wird der Held auf wirkliche Thatsachen hin aus
dem Laude verbannt, in R. H. spricht ihm Hunlaf bloss darauf
hin, dass er sich nicht durch einen Eid reinigen will, sein
Urteil.

Interessant ist auch ein Vergleich zwischen R. H. v. 2306 ff.,
wo jemand am Hofe Gudereches in Bezug auf Horn sagte:

> Mes si Egfer me creit, nel merrat donneier,
> Ki ainz par sa beaute suleit trestuz passer
> Cil le passe de loing, nuls nel poet ressembler

und K. H. v. 815 ff., wo der König zu seinem Sohn sagt:
„and when thu farst to woge | tak him thine glove; | iment
thu hast to wive | awei he schal the drive: | for Cutberdes
fairhede | ne schal the nevre spede"[1]. — Es geht hieraus

---

[1] Die Erklärung, welche W. l. c. 95, 816 zu diesem Verse giebt,
scheint etwas gesucht, um so mehr, als er sich gezwungen sieht, eine
Textänderung vorzunehmen. Er sagt: „In unserer Stelle ist wohl der
Ton auf woge zu legen. Wenn Du freien willst, mach' ihn zu Deinem
Boten, d. h. er wird wegen seiner Schönheit ein willkommener Werber
sein. Dagegen wenn Du Dich zu vermählen gedenkst (817) Awei he
schal the drive, da wird er Dich vertreiben. Ich bin versucht zu lesen:
Awei thu shalt him drive, d. h. da darf er nicht dabei sein, sonst wirst
Du kein Glück haben. Im R. H. fehlt dieser Gegensatz etc." — Der
Sinn der Rede des Königs ist ganz klar, wenn man take = „wegnehmen",
anstatt wie W. = „geben", setzt, und das Semikolon, welches hinter
glove steht, eine Zeile tiefer schiebt, hinter das Wort wive. Der König
will sagen, sein Sohn möge dem Cutbert seinen Handschuh geben
(d. h. ihn als Boten gebrauchen) in allen Dingen, nur nicht in Liebes-
angelegenheiten.

hervor, dass dem Dichter von R. H. die alte deutsche Gewohnheit, wonach der Freier seinem Boten seinen Handschuh mitgab, nicht mehr bekannt war (vgl. Stimming l. c. 357). In K. H. wird Horn von Rigmel und seinem Freunde Athulf *[R. H. Haderof]* als der heissersehnte Hülfebringer mit Ungeduld aus fremden Landen zurückerwartet; es klingt deshalb recht unwahrscheinlich, wenn berichtet wird, dass es ihm gelungen sei, unter einer Verkleidung die Treue seiner Braut zu erproben. In R. H. kommt der Held ganz unerwartet an den Hof Hunlafs zurück. Auf diese Weise wird die Pilgerrolle, welche er spielt, weit natürlicher. — Auf der Heerfahrt, welche Horn nach Suddene zur Wiedereroberung dieses seines Erbreiches unternimmt, begegnen die Helden gleich bei ihrer Landung dem Vater des Athulf (Haderof). Dies musste für die Hörer des mittelenglischen Dichters thatsächlich eine Überraschung sein, da vorher keine Andeutung gemacht war, dass der Vater Athulfs noch am Leben sein könnte. Im R. H. wird dagegen ausdrücklich gesagt, dass Aaluf und die Seinen niedergemacht waren

„ainz que venist Hardred
Sun vaillant seneschal, ki pur s'ost ert aled. (281.)

Als dieser schliesslich wiederkam, wurde er von den Sarazenen zum Gefangenen gemacht. —

So sehen wir bei dieser Nebeneinanderstellung das Gute bald auf der einen, bald auf der andern Seite: der Dichter Thomas hätte aber jedenfalls, wenn K. H. seine Vorlage gewesen wäre, nicht nur darnach gestrebt, diese zu erweitern und zu bessern, sondern vor allem darauf geachtet, das Gute und Schöne beizubehalten, das ihm aus seiner Quelle zufloss.

Verzeichnis

der

im Horn vorkommenden Eigennamen.

—————

Aaluf, Pers.-N. (dreisilbig) 2. 169. 251. 265. König von Suddene, Vater Horns.

Abel, bibl. N. 1811.

Adan, bibl. N. 77.

Affrike, geogr. N. (Aufrike) 1298. 1311. 1328. alfrican. 7. 71. affricant 2399. 2907. asfricanz 297.

Albanei, geogr. N. 503. (Albania Nordschottland.)

Alemauns, Völk.-N. 264. 1417.

Almican, Völk.-N. 81. 1417. O. 4853.

Angevin, geogr. N. 1530b.

Angou (Ango), geogr. N. 1737.

Answit, weibl. Pers.-N. 4960.

Apollin, Heidengott 735. 1401 . . . .

Arabiz = arabisch 4689.

Ardene, geogr. N. 4879 (vgl. Suddene.)

Badelac, Pers.-N. 4732.

Baderouf (Bauderolf), 256, Kaiser der Deutschen 263. Horns Urgrossvater. 3719.

Balaan, bibl. N. 78.

Batolf, Pers-N. 2792. 2840. H. (Baderof 2792 C. Baltof 2840 C.) Bruder Rigmels.

Barbaran, 80. 288. 1413. (barbarin 3700.)

Bealni (Beauni), ein Schloss in Irland 3531. 3538.

Belial, bibl. N. 3209 H. 3210 C. 3371. 4777.

Belzebub, 3210 C. (belzebuc 1671.)

St. Beneit, 5137.

Bertin, Pers-N. (1.) mestre esquier 597. 602. (2.) mascuns 945a.

Besencun, geogr. N. 612. 621.
Blanchard, Pferde-N. 599. 603. 4418.
Bretaigne (Bretaine), geogr. N. 106. 925. 2347. 2910. Bretun
  1406. 2841. bretunin 1659.
Broivanz, Pers.-N. 51. 70. 71. (alchaie sur mer.)
Burgoignun, 624.

Cananee (Chananee), geogr. N. 1463. 1620.
C(h)aín, bibl. N. 6. (s. Kaym.) Die Heiden sind Söhne Kains.
Cesar, Pers.-N. 936.
Chastele, geogr. N. (Kastilien) 3316. chastelan 3336.
Cloakan, Pers-N. 3326. Beherrscher der Insel
Corinan, geogr. N. (?) 3328, von wo die Seeleute soelent aporter
  pailes e bukeran.
Costance, geogr. N. 1325. (un port = Coutance?)
Costentin, Pers.-N. 936. (Konstantin.)
Curtein, Name des Schwerts des h. Eduard von England, 1995.

Daniel, bibl. N. 560. 1404. 2083.
David, bibl. N. 2399a, 4683.
Denerez (?), Pers.-N. 1832. Vater des Wikle: (Verräter.)
St. Denis, 1087. 1272. 2277. 3468. 4268. (St. Denise, 827.)
Divelin, geogr. N. 2937. Dublin, d. Hauptstadt von Westir (Irland.)
Durage, geogr. N. (?) 3250.
Durendal, Name des Schwerts Rolands, 1995.

Egfer, Pers.-N. 2227. 2240. (H. Egofer) 2270. 2303. 2306. 2318.
  2328. Sohn des Gudreche.
Eglaf, Pers.-N. 2594. (Eglof) 2659. (Eggalf) 2660. (Eggals) 2663.
  (Eggeals) ist ein Dienstmann Guffers.
Egolf, Pers.-N. 1326 (Eglolf). 1628. (Eghulf, Eglof) Bruder Rodmunds.
Esclavon, 3037, 3621.
Escler, Völk.-N. 118. 4853.
Escofard, Pers.-N. (?) 3250.
Evain, bibl. N. 77.

Fenenie, geogr. N. 3715. (Fenoie) 3959. (Fenice) 4003. (Fenoi)
  4506. (Fenie) 5228. (Finee).
Fra(u)nce, 1307.
Frise, 828.

Gabriel, 1145.
Gibelin, Pers.-N. 1678.

Gilimot, Pers.-N. 5241. (d. Sohn des Dichters Thomas.)

Godefrei, Pers.-N. 507. Herzog von Albanei.

Goldeburc, weibl. Pers.-N. 257. Die Tochter des Kaisers Baderolf.

Goldeburc (C. Gudborc, H. Godburc) weibl. Pers.-N. 2387. Gemahlin des Königs von Irland.

Gudbrant, Pers.-N. 2929. 3000. 3023. 3088. 3095. [für Goldebrant, Godebrant 2914 ist zu setzen dan Gudbrant]. König (Sultan) von Persien.

Gudmod, Pers.-N. 2160. 2309 ... der von Horn in Irland angenommene Name.

Gudolf, Pers.-N. 1326. 1693. Gudelof 1642. Gudlof 1647. Gudelaf 1665. [O. hat Gundero(l)f 1326. 1642. 1647. 1665. 1693. H. Guderof]. Bruder Rodmunds.

Gudreche, Pers.-N. 2132. 2146. 2197. 2313. 2357. 2926. [O. hat Gudere(c)che, H. Gud(d)red, Guddret, einmal 2926. Godereche]. König von Irland.

Guffer, Pers.-N. 2228. 2235. 2304. 2718. Sohn des Gudreche.

Gudswith, weibl. Pers.-N. 852. 853. (O. hat Gundeswit), die Amme Rigmels.

Guidhere, Pers.-N. 2448. (H. gUdereche), ein Page der Lenburc.

Hadermod, Pers.-N. 5236 Sohn Horns.

Hadero(l)f, Pers.-N. 364. 671. 812. 1443 .... |H. hat Harderof 1678. 1682 ....], der Gefährte Horns.

Haderof, Pers.N. 3718. (H. hat Harderon). Bruder des Kaisers Baderof.

Hardred, Pers.-N. 281. 364. 4598. 4603. Der Seneschal Aalufs.

Herebrant, Pers.-N. 2913. 3277. 3345. 3358. 3365. Bruder Rodmunds.

Herlant, Pers.-N. 127. 136. 156. 165..... der seneschal Hunlafs.

Herselot, weibl. Pers.-N. 495. 502. 516. 706 ... (1045 verlangt der Reim Hersent oder Herselent), die Freundin Rigmels.

Hildebrant, Pers.-N. 2912. 3296. (3277 C. Heldebrant, H. Hydebrant), ebenso wie Herebrant ein Bruder Rodmunds. (Von Tirade 159 ab muss überall Herebrant für Hildebrant eingesetzt werden, wie dies bereits in H. meist am Rande geschehen ist.)

Horn, Pers.-N., durchweg richtig geschrieben. [Ein Wortspiel wird mit dem Namen gemacht 4206: Mes corn apelent horn li engleis latim ier etc.]

Hunlaf, Pers.-N. 106. 187. 238 .... König der Bretagne.

Hung(e)rie, geogr. N. 1590. (passevent cheval de H.)

Jaru(h)el, 568. 2082.
Jesu (le fiz marie) 704. 4870. Jesu Crist 1264. 3857. 3872.
. 4415. Jesum 1301.
Joceran(t), Pers.-N. 3743. 3753. 3845. Sohn Herlants.
St. Johan, 79, 334. (al muster St. J. zu Rom 1423.)
Jonas, bibl. N. 1405.
Jordan, geogr. N. 84. 1410.
Kaim (chaim, kaym), bibl. N., zweisilbig, 1811. s. C(h)ain.
Ste. Katherine, 968.
Latran (al sie del L. in Rom), 1423.
Laucopart (Lazoport, li Zopart), Völk.-N. 1698.
Lazarun (si m'ait Lazarun), bibl. N. 2868.
Lenburc, weibl. Pers.-N. 2389. 2394. 2413. 2450. (Lenbur 2702
    im Reim), Tochter Gudreches.
Leutiz, Völk.-N. 81.
Lions, geogr. N. 3596. (St. Paul de Léon i. d. Bret.)
Lowis, Pers.-N. 3466. (depuis le tens L.)

Mahum, Heidengott, 85. 1341. 1383.
Malbroin, Pers.-N. 7. 19.
Malbruart, Pers.-N. 1608. (O. hat Malbroinant.)
Maldran, geogr. N. 1420. (?) (La roche Maldran).
Malg(r)is, Pers.-N. 2284. (Hauswirt des Egfer.)
(St.) Mallou, 1659 (war das Feldgeschrei der Bretonen).
Marcel, Pers.-N. 561. (li orfevres.)
St. Marcel, 1149. 1805. 2075.
St. Marie, 704. 1893. 2459. 3417. 4870.
Markier (Marcher), Pers.-N. 2559. (arcevesque.)
Marmorin, Pers.-N. 1465.
St. Martin, 727. 3967. 4067.
Mascun, geogr. N. 623. (cite que tienent Burgoignun), Mâcon s. S.
St. Meart, O. 1703 (H. St. Marc.)
Melan, geogr. N. 702. Mailand.
Michael, bibl. N. 1807. 2085.
Modun, Pers.-N. 4545. König von Fenenie, 3959. (H. hat stets
    Modun; in O. steht ebenfalls 5228 Modun; C. hat zwar
    17mal Modin, aber nur im Innern des Verses, daneben
    2mal Modun 4485. 4557. Es ist somit überall die Reim-
    form Modun 4545 einzusetzen.) [Modonus, Slane, Fluss in
    Irland.]

Moisan, bibl. N. 75. (Adject. moysie 2460.)
St. Moris, 3548. (al Muster St. M.)
Morvan, Pers.-N. 1406. 1408. 1427. 1434. (un Bretun.)

Norweie, geogr. N. 828.

Orcanie (Orkenie), geogr. N. 2449. 3575. (H. Orkeneye).
[Olifan, Sach-N. 3331.]

Palestine, geogr. N. 961.
Paris, geogr. N. 1082.
Pavie, geogr. N. 702.
Passevent, Pferde-N. 1590.
Peitiers, geogr. N. 818. 1280. Adjectiv peitevin 3312.
Pepin, Pers.-N. 733. 945^b. (König Pipin).
Perse, geogr. N. 3159. Adjekt. persan 82. persin H. 2930.
    Persan Sbst. 4853.
Pise, geogr. N. 818. (Pisa.)
Pincenard, Völker-N. 81.
Portigal (O. Portingal), geogr. N. 1992. 2171.

St. Quintin, C. 737. (O. hat Martin.)

Rabel, Pers.-N. 564. 574. 578. 589. (buteillier Rigmels.)
St. Richer, 2027. 3870. 4447.
Rigmel, weibl. Pers.-N. ist in C. durchweg so geschrieben. (In
    O. findet sich daneben Rigmenil, 627. 654. 663. 677. 699.
    758. 774. etc. Rimenil 845. Rimignil 4971. 4986. 4991.
    4998. Rimel 796. 799. 800. 855. 970. 1021. 1041 etc.
    Dies letztere ist auch die Schreibung von H.)
La Rochele, geogr. N. 3211.
Rodmund, Pers.-N. 28. 40. 71. 100. 101 etc. 3154 im Reim
    Rodmon, Romun, König der Sarazenen.
Rollac, Pers.-N. 2914. 2929. 2989. Sohn des Sultans Gudbrant.
    (list ocist Aaluf cum dit le parchemin 2933.)
Rollac, Pers.-N. 2931. (Onkel?) Grossvater des vorgenannten R.
    (Vers 2931 ist zu lesen K' Aalof mist a fin, den Aaluf
    besiegte.)
Rollant (Roullant), Pers.-N. 1997.
Roman, Pers.-N. 1422. (Römischer Kaiser.)
Rome, geogr. N. 1082.
Russie, geogr. N. 1580. (O. Ruissie, H. Rossie) [cendal de R.]

Salomun, bibl. N. 568. 1512. 2399ª C. 2433. 4186.
Samburc, weibl. Pers.-N. 4876. 4925. 4931. 4950. Horns Mutter.
Sarasin, Völk.-N. 5.
Silaf, Pers.-N. 1833, meist Silaus geschrieben 253. 265. 368. 1388.
St. Simun, 618. 2437. 3038.
Sobrie C. (H. Sorbrie), geogr. N. 3418. (cheval de S.), Serbien.
Sudburc, weibl. Pers.-N. 2391. (2394. C. irrtümlich für Lenburc.)
Suddene, geogr. N. 170. 252. 1429. (2110 hat H. suthdene), das Reich Aalufs.
Susanne, bibl. N. 2083.

Taurin, Erzbischof von Lions, 4069.
Tervagan(t), Heidengott, 85. 101. 1400. . . .
T(h)omas, der Dichter des Horn 3. 5249.
Torel, Pers.-N. 573. 876. (Toral 583.)
Tudele, geogr. N. C. 3313.
Turcople, Völk.-N. 81.
Turlin de Tabarine, Pers.-N. 1664. (schlecht überliefert.)

St. Vincent, 1936.

Westir (Yrlaunde), 2130. 2138. 2145. 2184.
Wik(e)le, Pers.-N. Eine möglichst genaue Zählung ergab Wik(e)le mit unfestem e vor der Liquida. Je nach Bedarf ist also zu schreiben Wikele oder Wikle (vgl. S. 17, Anmerk. 2).
Wothere, Pers.-N. 5053. Bruder des Wikle.

Yrla(u)nde (Hirlande), 2131. 2184.

Lebenslauf.

Ich, Josef Mettlich, bin am 2. Juni 1859 in Trier als
ältester Sohn des Gymnasiallehrers Mettlich und dessen Gattin,
geb. Dick, geboren. Meine Konfession ist die katholische.
Ich besuchte das Realgymnasium meiner Vaterstadt, welches
ich Herbst 1876 mit dem Zeugnis der Reife verliess. Von
Herbst 1876 bis Herbst 1879 war ich an der Friedrich-Wil-
helms-Universität zu Bonn als Studierender der neueren Sprachen
immatrikuliert. Von Herbst 1879 bis Herbst 1880 wirkte ich
als Lehrer des Deutschen, Englischen und Lateinischen an der
höhern Lehranstalt zu Quimperlé (Depart. Finistère) in Frank-
reich. Von dort kehrte ich nach Bonn zurück. Nachdem ich
hier wiederum zwei Semester Vorlesungen besucht hatte, sah
ich mich im folgenden Jahre durch eine schwere Krankheit
und deren Folgen gezwungen, meine Studien auf längere Zeit
zu unterbrechen. Von Oktober 1883 bis Oktober 1884 genügte
ich in Trier meiner militärischen Dienstpflicht. Alsdann liess
ich mich an der Königlichen Akademie zu Münster i. W.
immatrikulieren. Ich hörte hier Vorlesungen bis zum Sommer
1886. Im Juli dieses Jahres bestand ich hier vor der Wissenschaftlichen Prüfungskommission das Examen pro facultate
docendi. Mein Probejahr absolvierte ich an dem Königlichen
Paulinischen Gymnasium zu Münster. Ostern 1888 wurde ich
zum wissenschaftlichen Hülfslehrer, am 1. Oktober 1892 zum
Oberlehrer an dieser Anstalt ernannt. Ostern 1888 wurde mir

gleichzeitig die Stelle eines Lektors der französischen Sprache an der Königlichen Akademie zu Münster übertragen.

Die Herren Dozenten, bei welchen ich Vorlesungen und Übungen besucht habe, sind folgende: in Bonn die Herren Professoren Dr. Andresen, Dr. Bischoff, Dr. Foerster, Dr. J. B. Meyer, Dr. Trautmann, Dr. Wilmanns; in Münster die Herren Professoren Dr. Körting und Dr. Lehmann. Ihnen allen, besonders meinem hochverehrten Lehrer Herrn Professor Dr. Körting, fühle ich mich zu dauerndem Danke verpflichtet.

Thesen.

1. Das sog. altfranzösische „Hohe Lied" ist frühestens im Juli 1141 entstanden.

2. In V. 2 f. der „Elene" Cynewulfs ist das Jahr des Regierungsantrittes Constantins richtig angegeben.

3. Im sog. Faroliede sind die Worte „Faro ubi erat princeps" als ein Glosssem und die drei letzten Zeilen als besondere Strophe aufzufassen.

4. Die Benutzung von Sonderwörterbüchern ist im Schulunterrichte thunlichst zu vermeiden, es müssen vielmehr die Schüler zum Gebrauche eines grösseren Wörterbuches in geeigneter Weise angeleitet werden.